ALLES ÜBER

Mein Haustier

Unser Gemeinsames Leben

Mein Name: _______________________

Mein Alter: _______________________

Der Name Meines Haustieres:

____

Das Alter Meines Haustieres:

____

Name des Tierarztes: 

____

Als ich dich das
erste mal sah...

Ihr haus:

Ihr lieblingskomfort:

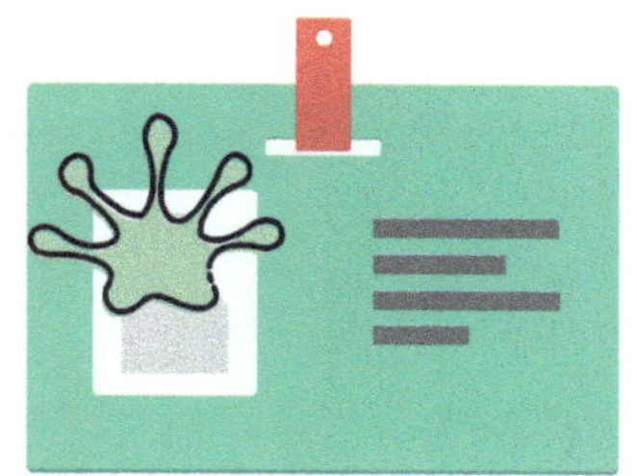

Ich habe deinen namen gewählt, weil…

Ich denke, dein name passt zu dir, weil…

Zeichnung

Wenn ich bei dir bin, fühle ich…

Unser erstes foto zusammen

Wenn ich ihnen eine frage stellen könnte, wäre es...

Ich würde das gerne wissen, weil...

Dein lieblingsessen ist:

Ihre diät:

Die lustigen dinge, die du tust…

Unser gemeinsames leben...

Ich kann sagen, wann du glücklich bist, weil…

Ich kann sagen, wann du angst hast, weil…

Zusammen können wir...

Die orte, an die wir gehen...

Ich habe von dir gelernt...

An deinem geburtstag...

Ihre lieblingsbeschäftigung ist...

Du hast gelernt wie...

Ich liebe dich, weil...

Eine glückliche erinnerung:

Meine lieblingsfotos

Lieblingsandenken